BEI GRIN MACHT SICH IHR WISSEN BEZAHLT

- Wir veröffentlichen Ihre Hausarbeit,
  Bachelor- und Masterarbeit

- Ihr eigenes eBook und Buch -
  weltweit in allen wichtigen Shops

- Verdienen Sie an jedem Verkauf

Jetzt bei www.GRIN.com hochladen und kostenlos publizieren

Reiner Meiworm

Angeln mit Kindern

GRIN Verlag

Bibliografische Information der Deutschen Nationalbibliothek:

Die Deutsche Bibliothek verzeichnet diese Publikation in der Deutschen National-
bibliografie; detaillierte bibliografische Daten sind im Internet über http://dnb.d-
nb.de/ abrufbar.

Impressum:

Copyright © 2014 GRIN Verlag GmbH
Druck und Bindung: Books on Demand GmbH, Norderstedt Germany
ISBN: 978-3-656-70636-6

Dieses Buch bei GRIN:

http://www.grin.com/de/e-book/276205/angeln-mit-kindern

GRIN - Your knowledge has value

Der GRIN Verlag publiziert seit 1998 wissenschaftliche Arbeiten von Studenten, Hochschullehrern und anderen Akademikern als eBook und gedrucktes Buch. Die Verlagswebsite www.grin.com ist die ideale Plattform zur Veröffentlichung von Hausarbeiten, Abschlussarbeiten, wissenschaftlichen Aufsätzen, Dissertationen und Fachbüchern.

Besuchen Sie uns im Internet:

http://www.grin.com/

http://www.facebook.com/grincom

http://www.twitter.com/grin_com

Angeln mit Kindern

In Familie, Verein und Heimerziehung

Dieses Buch widme ich meinen Kindern

Tjorben und Finja

Vorwort

Ich, Reiner Meiworm bin 38 Jahre alt, Vater von zwei Kindern und von Beruf staatlich anerkannter Erzieher. Wie fast jeder angelnde Vater habe auch ich schon früh versucht, meine Kinder mit dem Virus Angeln zu infizieren. Ich bin dabei oft an Grenzen gestoßen, seien es Pädagogische, Rechtliche oder Moralische, und habe mir als ausgebildeter Erzieher daraufhin Gedanken gemacht, was diese Grenzen, bzw. deren Überwindung für erzieherische Konsequenzen mit sich bringen. In mir reifte die Idee, Angeln als erlebnispädagogisches Element in den Berufsalltag mit einfließen zu lassen und entwickelte erste Ideen, die bald zu einem Konzept wurden.

Mit diesem Konzept in der Hand wandte ich mich an Hersteller, Einzelhändler, Presse und Interessenverbände und warb um Unterstützung und Sachspenden.

Kapitel 1: Grundlagen

Das Pädagogische Handeln der Einrichtungen stationärer Kinder- und Jugendhilfe orientiert sich grundsätzlich an Leitlinien, Leitbildern und Konzeptionen. Diese Grundlagendokumente beschreiben im Groben die Motivation und die Methodik des pädagogischen Handelns. Oftmals werden die Ziele der Pädagogik wie folgt beschrieben:

„Wir verstehen uns als Schonraum, in dem Kinder und Jugendliche ihr Verhalten neu definieren, ausprobieren und üben dürfen, um langfristig zu einem gesellschaftlich und sozial anerkannten Verhalten zu finden. Wir wollen die Teilhabe am Leben und in der Gesellschaft für alle jungen Menschen fördern und ihnen den Zugang zu sozialen, kulturellen und wirtschaftlichen Möglichkeiten eröffnen. Dabei orientieren wir uns an den Bedürfnissen des Einzelnen und gewähren so wenig Einflussnahme wie möglich, aber so viel wie nötig, um ihnen einen entwicklungsförderlichen Lebensraum und wertvolle lebensbejahende Erfahrungen zu ermöglichen. Im Sinne des Inklusionsgedankens passen wir unser pädagogisches Konzept und Alltagsstrukturen den Entwicklungserfordernissen der Kinder und Jugendlichen an. Wo immer das Wohlergehen des Kindes es erlaubt, wird die familiäre Zugehörigkeit als Identität und Beziehung stiftender Ort gestärkt, und somit die Familie als zentraler Bezug erhalten oder wieder hergestellt. (...) Wir gehen davon aus, dass die seelischen Behinderungen, emotionalen Störungen und allgemeinen Entwicklungsschwierigkeiten der Kinder und Jugendlichen durch unsere Hilfe, in Zusammenarbeit mit allen Erziehungsträgern, positiv beeinflusst werden können." (Beispiel einer Konzeption)

In erster Linie geht es in dem Pädagogischen Angelprojekt natürlich um den Spaß. Wenn das Angeln den Kindern und Jugendlichen keinen Spaß machen würde, würden sie es auch nicht tun. Keiner muss bei dem Projekt mitmachen, jeder darf jederzeit ein- oder aussteigen. Freizeitprojekte, wie dieses Angelprojekt, sollten auf freiwilliger Basis angelegt sein, damit sie keinen Leistungsdruck erzeugen. Gemeinsam wird aber auf ein Ziel hingearbeitet. Ziele können beispielsweise sein:

- Der Erwerb des Fischereischeins

- Ein Angelurlaub/Angelwochenende

- Der Fang eines besonderen Fisches

Warum nun ausgerechnet angeln?

Die Antwort ist eine Reise in die Vergangenheit

Die Jagd, zu der im engsten Sinne auch die Fischerei gehört, zählt seit Urzeiten zu den essentiellen Anforderungen der Menschheit. In der Frühzeit hatten die Menschen unter anderem dadurch eine sehr enge Bindung und Beziehung zu der Natur. Es wurde der Natur nur entnommen, was zum Überleben notwendig war. Der Mensch war angewiesen auf den Jagderfolg und gesellschaftlich geachtet, wenn sich dieser einstellte. Es war etwas Besonderes, wenn es Fleisch oder Fisch gab, nichts Alltägliches und somit war man dankbar, dem Jäger gegenüber, aber auch der Natur gegenüber. Bei Naturvölkern gehörte früher, und teils auch noch heute, die Einführung in die Jagd zum Erwachsenwerden, sie ist Teil eines so genannten Initiationsritus, bei dem das Kind lernt, Kompetenzen zur Ernährung seiner eigenen Familie zu entwickeln und Verantwortung zu übernehmen. Die Initiation bildet den Übergang von der Kindheit in die Erwachsenenwelt. Das Konstrukt der Jugend kennen Naturvölker nicht. Wer kein Kind mehr ist, ist erwachsen. Und das mit allen Rechten und Pflichten. Initiationsriten sind oftmals Prüfungen von Geschicklichkeit und Mut, Verantwortungsübernahme und Entschlossenheit. Sind diese Prüfungen zur Zufriedenheit der Erwachsenen erledigt, gilt der Prüfling als erwachsen. Mit der erfolgreichen Jagd beweist der junge Mensch, dass er in der Lage ist, selbst eine Familie zu ernähren und dies unmittelbar und direkt. Nicht, indem er in der Lage ist, Geld zu verdienen, um damit Lebensmittel zu kaufen, wie es in unserem Kulturkreis üblich ist, sondern ganz pragmatisch dadurch, dass er beweist, dass er in der Lage ist, mit seinen Händen ein Tier zu töten und damit seine Familie zu ernähren.

Vielen Menschen im westlichen Kulturkreis fehlt dieser Blick auf Fleisch und Fisch und die Schwierigkeiten und Unwägbarkeiten, diese zu beschaffen. Es ist einfach geworden, für das Überleben zu sorgen. Ein tägliches Konsumgut. Die Jagd beschränkt sich auf das völlig ungefährliche, ja sogar langweilige Einkaufen im Supermarkt. Die Fische sind zumeist schon paniert und in handliche Stäbchenform gebracht worden. Es sind keine Innereien oder gar die unsäglichen, lebensgefährlichen Gräten zu entfernen. Der Mensch ist nicht mehr in einer Beziehung mit der Natur, sondern höchstens noch mit dem Supermarkt und den dafür benötigten fiskalischen Mitteln. Der Zusammenhang zwischen der körperlichen Anforderung (Anstrengung, Geschicklichkeit, etc.) in Form von Arbeit und dem damit verbundenen Lohn, in Form von Lebensmittel ist abstrakt geworden. Was ebenfalls auf der Strecke geblieben ist, ist dieser vorgenannte Initiationsritus, der eine nicht zu unterschätzende Selbsterfahrung beinhaltet und auch direktes Feedback über den inneren Reifungsprozess gibt.

Die Notwendigkeit des Feedbacks

Dieses Feedback ist das, was Jugendliche benötigen, um eine gewisse Selbststeuerungsfähigkeit zu erhalten und das Gefühl zu haben, die eigene Entwicklung in der Hand zu haben. Fehlt Feedback in der Entwicklung, neigt der oder die Jugendliche dazu, zum Beispiel durch regelwidriges Verhalten eine Reaktion zu provozieren und dadurch ständig die eigene Moralinstitution zu überprüfen. Die Pubertät ist bestimmt durch ständige Aktion und Reaktion, dabei lernt der/die Jugendliche überwiegend aus der Reaktion, dem Feedback, des Umfelds.

Was lernen nun die Kinder und Jugendlichen durch das Angeln?

Diese Frage umfassend zu beantworten ist nahezu unmöglich. Es können hier nur einzelne, wesentliche Aspekte angesprochen werden. Zum Teil sind diese Vorteile natürlich in ihren Einzelaspekten ganz pragmatischer Natur. In der Gesamtheit genommen zeigt sich dann allerdings im Zusammenspiel der Einzelaspekte das Ausmaß der Auswirkungen.

Die positive Wirkung des Angelns

Durch das Angeln befinden sich die Kinder und Jugendlichen in der freien Natur. Das für sich allein und für sich genommen ist heutzutage schon ein gewaltiger Vorteil gegenüber sonstigen, vor allem mediengestützter Unterhaltung. Und das nicht nur bei Sonnenschein, sondern auch, wenn es plötzlich anfängt zu regnen oder auch wenn es kalt ist. Angeln macht, die richtige Kleidung vorausgesetzt, zu jeder Jahreszeit Spaß. Jede Minute, die die Kinder und Jugendlichen in der Natur sind, müssen sie nicht vor dem Fernseher oder der Spielkonsole verbringen. Nebenbei stärkt der Aufenthalt in ziemlich allen Wetterlagen und Pollenflügen auch die Widerstandskraft, Mediziner und Biologen sprechen hier von der physischen Resilienz, der Kinder und Jugendlichen. Dies sind eben solche Widerstandskräfte, die ein Gleichgewicht zu Umweltbelastungen herstellen. Es ist entwicklungsphysiologisch nachgewiesen, dass unser heutiges Kälteempfinden wesentlich von der Entwicklung moderner Kleidung verändert wurde. Man könnte sagen, die Menschheit ist verweichlicht. Das werden wir auch durch das Angeln nicht ändern können. Was wir aber ändern können ist, dass Kinder Angst vor Regen und Kälte haben und lieber die Freizeit vor dem Fernseher verbringen. Und wenn man gerade den Fischschwarm gefunden hat, angelt man auch gerne im Regen weiter.

Durch das Angeln haben die Kinder und Jugendlichen die Möglichkeit einer sinnvollen Freizeitgestaltung.

Viele Probleme, die heute im Zusammenhang mit der Jugend gesehen werden, sind letztendlich auch auf die Langeweile oder fehlende Ziele der Jugendlichen zurück zu führen. Entgegen der populären Meinung ist Angeln ganz und gar nicht langweilig. Es gibt, je nach Vorliebe des Anglers und der begehrten Fischart, viele verschiedene Angeltechniken und Methoden. Vom eher passiven Grund- und Posenangeln auf Friedfische bis hin zum sehr aktiven Spin- und Fliegenfischen auf Raubfische. Auch das Schleppfischen vom Boot mit Muskel- und Motorkraft ist sehr beliebt. Jede Minute, die die Jugendlichen angeln, verbringen sie weniger auf der Straße und in schädlichem Milieu. Sie machen alternative Erfahrungen. Dabei wächst dabei bei den Jugendlichen eher das Interesse an der Natur als das Interesse an Alkohol oder gar Drogen. Angeln wird als Möglichkeit der Entspannung und als „Tankstelle für neue Energie" erfahren.

Diese Lücke können gefährliche Substanzen damit schon mal nicht mehr füllen. Hier sprechen wir von der psychische Resilienz, also der Kraft, gefährlichen Verlockungen zu widerstehen. Drogen, und dazu zähle ich auch Alkohol und andere Rauschmittel, haben die Eigenschaft, das Zentrum im Gehirn anzuregen, welches Glücksgefühle produziert. Wenn dieses Zentrum aber auch durch andere Mittel angeregt werden kann, und der oder die Jugendliche diese Möglichkeit erkennt, verringert das im Umkehrschluss die Notwendigkeit, dies über Drogen zu tun.

Durch das Angeln wird der Gemeinschaftssinn gestärkt.

Angeln ist eine soziale Aktivität. Entgegen der landläufigen Meinung ist Angeln keine Freizeitbeschäftigung, die man alleine durchführt. Unsere Kinder und Jugendlichen gehen oft zusammen, manchmal als Gruppe, manchmal als Zweier- oder Dreierteam zum Angeln. Oft profitieren sie dabei von den Erfahrungen, die die anderen schon gemacht haben, sei es bei der Platz- oder Köderwahl oder den erforderlichen Kenntnissen bezüglich der Technik. Manchmal ist ein Fisch aber auch so groß, dass er schlichtweg nicht alleine gelandet werden kann. Wenn ein Kind oder ein Jugendlicher vor dem Fernseher sitzt und konsumiert, besteht für ihn wenig Notwendigkeit, mit seinen Mitmenschen zu kommunizieren. Genau genommen macht er dann gar nichts mehr, außer visuell zu konsumieren. Es ist, und dies sei nur am Rande erwähnt, durch führende Neurologen nachgewiesen, dass Kinder, die fernsehen noch weniger Kalorien verbrennen, als wenn sie schlafen würden. Das ist doch wohl beunruhigend, oder? Und das Argument, Kinder lernen etwas durch das Fernsehen, wurde auch schon eindeutig revidiert. Die Vermittlung von Wissen und Erfahrung über lediglich zwei Sinneskanäle (auditiv ud visuell), die dabei noch nicht einmal vollkommen synchron sind, ist vergleichbar, wie der Versuch, durch einen Trinkhalm zu atmen. Es reicht einfach nicht aus. Aber dazu kommen wir später noch mal.

Anders sieht es beim Angeln aus. Da wird mit den Angelkollegen über die Fängigkeit verschiedener Köder, die Beißlust der Fische oder einfach nur die allgemeine Wetterlage und deren Auswirkung auf das Beißverhalten gefachsimpelt. Es wird sich über die Methoden und Angelplätze abgesprochen und neue Kniffe und Köder ausprobiert. Nichts läuft beim Angeln ohne Kommunikation. Oder was meinen Sie, warum der Volksmund uns Anglern schon das Beherrschen einer eigenen Sprache andichtet?! Merke: Auch Anglerlatein fördert die Kommunikationskompetenz. Und wer kommunizieren kann, braucht sich nicht mit Gewalt behelfen.

Angeln fördert den Lernwillen.

Der Erwerb des Angelscheins (Fischereischein) wird immer schwieriger. Mittlerweile kommt das Wissen, welches zu seinem Erwerb notwendig ist, schon dem für den Jagdschein nahe. Ein Angler muss beispielsweise die gültigen Schonzeiten, Mindestmaße und sonstigen Fangeinschränkungen für die Zielfische wissen. Nebenbei ist es auch nicht immer einfach, die Fischarten sicher zu unterscheiden. Allgemeine und Spezielle Fischkunde, Gewässer- und Gerätekunde und die Bestimmungen über die geltenden Gesetze und den Naturschutz sind wichtige Grundlagen, die es zu lernen gilt. Anders als oftmals in der Schule, lernen die Jugendlichen dies aus innerem, eigenem Antrieb (intrinsische Motivation), was ihnen das Lernen erheblich vereinfacht. Und das, obwohl es sich dabei wirklich um trockenen Lernstoff handelt.

Unser pädagogisches Ziel ist es, diese Erkenntnis in den Schulalltag zu übertragen und ihnen das Lernen somit zu vereinfachen. Ganz nebenbei hilft ihnen das Angeln, den „Kopf frei" zu bekommen von den blockierenden Sorgen und Stressoren des Alltags.

Über das Angeln ist ein vertrauensvoller Zugang der Pädagogen zu den Kindern/Jugendlichen möglich. Wer kennt das nicht aus seiner Jugend: Probleme wurden meist nicht mit den Eltern besprochen, auch wenn sie bestimmt kompetente Ansprechpartner gewesen wären. Der Rat wurde sich beim Kumpel oder bei der Freundin und bei gemeinsamen Hobbys geholt. Wenn Frust und Anstrengung überhand nahmen, wurde dieser auf dem Bolzplatz oder wo anders beim Sport abreagiert. In der Zeit am Wasser bieten sich viele Möglichkeiten, miteinander zu reden und sich auszutauschen. Es bieten sich viele wertvolle 1:1 Situationen zwischen dem Pädagogen und dem Kind/ Jugendlichen, die losgelöst sind, von den Alltagssituationen und den damit verbundenen Zwängen, Ängsten und Sorgen. In der ungezwungenen Atmosphäre am Wasser lässt es sich viel leichter und mit viel klarerem Verstand über die Probleme des Alltags reden. Die meisten am Wasser gewonnenen Erkenntnisse kann man dabei problemlos in den Alltag übertragen.

Uns Pädagogen hilft dabei der so genannte Fahrer-Beifahrer-Effekt. Jeder kennt die Situation: Man fährt im Auto und unterhält sich mit dem Beifahrer, bzw. der Beifahrerin. In diesem Zwiegespräch besteht ausnahmsweise nicht die Notwendigkeit des Blickkontaktes, was auch ziemlich fatal wäre. Man kann sich also problemlos unterhalten, ohne dem Konversationspartner in die Augen zu schauen. Das hat unter anderem die Auswirkung, dass man sich viel genauer und vorsichtiger ausdrücken muss, da das Gegenüber, nein, das „Nebenan" nicht die Gestik und Mimik interpretieren kann. Ähnlich, wie bei einem Telefonat, aber wichtige Dinge bespricht man doch lieber „von Angesicht zu Angesicht" und nicht am Telefon. Im Auto ist das anders. Man ist hier ebenso auf die rein verbale Kommunikation beschränkt und darf gesellschaftlich legitimiert trotzdem wichtige Unterhaltungen führen. Um auf das Angeln zurück zu kommen: Hier steht man ebenfalls neben einander, darf den eigenen Bissanzeiger nicht aus dem Auge lassen und kann trotzdem wunderbar mit seinem Nachbar kommunizieren.

Angeln ist ein erlebnispädagogisches Element

Per Definition ist ein Erlebnis etwas, was von den Erfahrungen des Alltags abweicht. Insofern bieten wir den Kindern und Jugendlichen mit dem Angeln alternative Erfahrungen, die ganzheitlich betrachtet, also sinnesübergreifend das Wissens- und Erfahrungsspektrum jedes Einzelnen wachsen lässt. Wir achten beim Angeln natürlich darauf, dass möglichst eben ganzheitliche Erfahrungen gemacht werden können. So bieten sich beispielsweise Sinneseindrücke kongruent und parallel über alle Sinne, nicht mit minimalem Zeitversatz von Bild und Ton, wie beim Fernsehen. Wenn die Kinder einen Angler im Fernsehen oder Film beobachten, wie er einen Fisch landet, haben sie nur den optischen und akustischen Sinn zur Wahrnehmung der Handlung zur Verfügung. Diese einzelnen Botschaften führen nicht zu einem Lernerfolg, da sie, was neurowissenschaftlich als bewiesen gilt, nicht unmittelbar und kongruent erfolgen (vgl. Prof. Dr. Dr. Manfred Spitzer: Lernen). Sind die Kinder und Jugendlichen allerdings körperlich dabei, wenn der Angler den Fisch landet, können sie den Fisch berühren, fühlen, sehen, riechen, heben, etc, so bietet sich die selbe Erfahrung über gleich mehrere Kanäle und zwar gleichzeitig. Das macht diese Erfahrung erst zu einem Lerneffekt. Deshalb gehören für uns auch das Töten eines Fisches und dessen vernünftige

Verwertung als Lebensmittel unbedingt mit zum Angeln dazu.

Ganz nebenbei sei hier noch erwähnt, dass das waidgerechte Töten des Fisches zum Einen eine rechtliche Vorgabe ist und alleine deswegen schon eine Verpflichtung darstellt, aber zum Anderen, und das ist weitaus wichtiger für die pädagogische Arbeit, eine moralisch-ethische Verpflichtung besteht, durch die das Kind/der Jugendliche eine bedingungslose Wertschätzung gegenüber dem Tier und der Natur erfährt. Nur wenn man den Fisch auch isst und ihn damit einer sinnvollen Verwertung zuführt, ist er nicht umsonst gestorben. Das Töten des Fisches führt erfahrungsgemäß keinesfalls zu einer Verrohung, wie es nach gängigem Empfinden der Konsum jugendgefährdender Medien tut, weil die Erfahrung eben ganzheitlich über verschiedene Sinne wahrgenommen wird. Selbst in der Arbeit mit sonst eher auffällig gewaltbereiten Jugendlichen ist das Töten der Fische eine Grenzerfahrung, die letztendlich zu einer höheren Achtung des Lebens an sich führt und es geht wirklich keinem Jugendlichen leicht von der Hand. Und das ist auch gut so.

Das Thema „Dankbarkeit" gegenüber der Natur/Schöpfung wird dann auch beim Essen des gefangenen Fisches behandelt. Und sogar die Fischstäbchen aus der Tiefkühltheke werden nun in einem komplett anderen Licht gesehen. Nicht selten äußern sich dann die Erkenntnisse der Jugendlichen in Aussagen wie: „Dann doch lieber einen Fisch essen, der glücklich im Bach gelebt hat, als einen aus einer überfüllten Zuchtanlage"

Angeln stärkt die Frustrationstoleranz

Nicht jeder Angeltag ist auch ein Fangtag. Diese Aussage hört man von Anglern immer wieder und das haben unsere Angler auch schon häufig festgestellt. Aber genauso gut kann in der letzten Angelminute noch ein kapitaler Fisch „einsteigen" und die Entbehrungen und die Frustration über den bisher erfolglosen Angeltag sind mit einem Schlag vergessen. Es lohnt sich, bis zur letzten Minute konzentriert bei der Sache zu bleiben, mit allen Sinnen ein Ziel zu verfolgen, nicht aufzugeben und an seine eigenen Fähigkeiten und sein Wissen zu glauben, und nicht zuletzt seinem Instinkt zu vertrauen. Das sind Fähigkeiten, die ein Kind oder ein Jugendlicher erst schmerzhaft lernen muss, die aber ebenso im normalen Alltag das Leben sehr erleichtern. Das Angeln verdeutlicht die Notwendigkeit dieser Fähigkeiten sehr anschaulich. Auch im „richtigen Leben" gibt es reichlich Entbehrungen und es besteht immer die Anforderung, beharrlich und geduldig zu bleiben. Im Umgang mit hektischen Kindern und Jugendlichen, die kaum Geduld aufweisen habe ich mal gelernt, nach einer Frage des Jugendlichen immer erst innerlich bis zehn zu zählen, bevor ich antworte. Diese 8-10 Sekunden zu warten fällt heute vielen Kindern und Jugendlichen derart schwer, dass sie in dieser Zeit 2-3 Mal mit wachsender Aggression ihre Frage wiederholen. Woher kommt diese Ungeduld? Darüber streiten sich die Gelehrten. Meine These dazu ist, dass die jungen Menschen in der heutigen Gesellschaft zu „akuten Beschaffern" geworden sind. Wenn sie irgend etwas benötigen, sei es ein Nahrungsmittel, ein Genussmittel oder auch nur eine Information, dann sind sie sofort in der Lage, dieses Bedürfnis zu befriedigen. Das läuft dann nach folgendem Muster: Hunger=Supermarkt/Kiosk, Lakritz=Kiosk, Nähebedürfnis=Handy, Information=Google.... usw. So setzt sich dieses Muster fort. Alle Bedürfnisse sind akut zu befriedigen. Denken wir noch einmal an unsere Vorfahren. Wie war es da? Wenn man Hunger hatte und der Vorrat leer war, musste man jagen oder warten. Wenn man was Süßes wollte und nicht gerade Erntezeit für Beeren war, musste man sogar noch viel länger warten. Wenn man Nähe wollte, ging man zur betreffenden Person oder wartete, bis diese kam, was unter Umständen auch schon mal dauerte. Für Informationen galt das Gleiche. Meiner Meinung nach ist es falsch, Luxusbedürfnisse (ich rede nicht von Grundbedürfnissen) direkt und akut zu befriedigen. Meine Antwort auf spontane Wünsche meiner Kinder lautet oft: „Was musst Du lernen?" Und sie wissen schon, was ich hören möchte: „Warten!". Im Säuglingsalter ist das übrigens etwas komplett anderes, da Säuglinge kein Zeitgefühl haben und nicht zwischen „Luxuswunsch" und „lebensbedrohlich" unterscheiden können. Sie unterscheiden auch nicht zwischen „Unwohlsein" und „starker Schmerz". Ein Säugling merkt nur: „Es stimmt was nicht" und nimmt automatisch das Schlimmste an, nämlich, dass es ihm an den Kragen geht. Erst Stück für Stück lernt das Kleinkind, und zwar an der Reaktion der ersten Bezugsperson (meistens der Mutter), ob der Grund des Schreiens ein „wichtiger" oder „unwichtiger" Grund war. Deshalb sollte man Säuglinge nicht schreien lassen und ihre Bedürfnisse schnellstmöglich angemessen und kongruent befriedigen. Es braucht übrigens durchschnittlich 40 Wiederholungen, bis etwas verstanden ist. Also fliegt der Schnuller ungefähr 40 Mal aus dem Kinderwagen, das Kind stirbt 40 Mal lautstark an akutem Schnullermangel, Mama hebt 40 Mal den Schnuller auf und tröstet, bis der Säugling merkt: „Moment! Ich lebe trotzdem, obwohl ein Teil von mir abgefallen ist!"

Nächstes Mal werfe ich den Schnuller absichtlich weg warte ich 10 Sekunden, bevor ich schreie und schaue, ob Mama wirklich so reagiert, wie immer!" Natürlich ist das übertrieben logisch dargestellt aber Säuglinge provozieren tatsächlich unsere Reaktionen um sie mit ihren Erwartungshaltungen abzugleichen. Moment! Fällt Ihnen was auf? Aktion und Reaktion? Richtig! Das machen Jugendliche auch. Sie sind halt in vielen Aspekten „Riesenbabies" und brauchen viel Halt, Hingabe und Führung. Sie sollten den Unterschied zwischen Luxusgut und essentiellem Bedarf aber wirklich langsam verstehen. Ich warte manchmal immer noch darauf, dass ein Jugendlicher sich wütend und schreiend, mit den Armen und Beinen strampelnd am Ufer auf den Boden wirft, weil der blöde Fisch nicht jetzt sofort beißt, wo er doch gerade ein dringendes Drillbedürfnis hat. Irgendwann werde ich das bestimmt erleben und ich werde darüber berichten!

Kommen wir auf das Angeln zurück: Natürlich ist das Angeln, und damit dieses pädagogische Projekt, kein Allheilmittel. Es ist nur eines von vielen Konzepten, die in ihrer Ganzheit die essentiellen Kompetenzen der Kinder und Jugendlichen stärken sollen, ihre Widerstandskraft gegen künftige Risiken und Schwierigkeiten erhöhen sollen, ihre Geduld und Frustrationstoleranz schulen und nicht zu letzt ihnen helfen sollen, Vergangenes verstehen zu lernen.

Praktische Umsetzung im Alltag

Wie wird das Angeln im pädagogischen Gruppenalltag umgesetzt? Wie fließt es in der Freizeitplanung ein? Das Angeln ist eines vieler Angebote, die regelmäßig stattfinden. Neben den normalen Angelausflügen mit mir als Erzieher und Fischereischeininhaber besuchen manche Jugendliche auch den Vorbereitungskurs. Der Kurs wird von einem örtlichen Angelverein angeboten und soll die Jugendlichen auf die Fischereiprüfung vor der Unteren Fischereibehörde vorbereiten. Die Ausbilder haben weitreichende Erfahrungen in der Arbeit mit Jugendlichen und kommen uns sowohl bei den Kosten der Ausbildung als auch beim zeitlichen und örtlichen Rahmen entgegen. Das Vereinsleben ist ein wichtiger Aspekt, gerade für Kinder aus dem stationären Heimkontext. Kinder, die in einer klassischen Familie aufwachsen haben in ihrem familiären Umfeld viele Beispiele und Rollenmuster, auf die sie im eigenen Verhalten zurückgreifen können. Sie nehmen sich, bewusst und unbewusst, ein Beispiel an älteren Personen, zu denen sie eine gewisse Bindung haben. Ich habe es schon einige Male erlebt, dass sich Kinder aus stationären Einrichtungen Bezugspersonen in der Nachbarschaft der Einrichtung gewählt haben, zu denen sie eine starke emotionale und moralische Bindung aufgebaut haben. Kinder in klassischen Familien haben schließlich auch oft einen Lieblingsonkel, eine Lieblingstante oder einen Großelternteil, zu dem eine besonders enge Bindung besteht. Diese Bindungen sind sehr wichtig für die Entwicklung einer eigenständigen Identität. An ihnen wird sich in schwierigen Situationen orientiert und sie bilden oft noch nach ihrem Tod einen wichtigen Ankerpunkt im Leben der jungen Menschen.

Unsere Aufgabe als Pädagogen in solchen Einrichtungen ist es, Kindern und Jugendlichen diese vielfältigen Kontakte zu verschiedenen Menschen mit ähnlichen Interessen zu ermöglichen, damit sie in der Lage sind, sich solche Bezugspersonen auszusuchen. Wir sollten nicht den Anspruch haben, im Leben der Kinder die wichtigste Bezugsperson sein zu müssen und alleinig das Leben der Kinder und Jugendlichen zu prägen, vielmehr sollten wir hin und wieder mal lenkend eingreifen, ihnen helfen, das eigene Verhalten zu korrigieren und eben solche Bezugspersonen auswählen, die ihnen helfen, den richtigeren der vielen Lebenswege einzuschlagen.

Enge Kontakte bestehen neben den Vereinen auch zu örtlichen Angelgerätehändlern und Angelteichbesitzern. Wann immer es die Zeit erlaubt, bieten wir interessierten Kindern und Jugendlichen die Möglichkeit, verschiedene Angeltechniken und -methoden zu erproben. Auch während der jährlich stattfindenden Ferienfreizeit wird das Angeln in fremden Gewässern ermöglicht. Dabei werden die Kinder und Jugendlichen immer wieder ermutigt, in die bereits gewonnenen Fähigkeiten zu vertrauen und auch neue Dinge auszuprobieren.

Pädagogen, die Angeln als Angebot in ihr pädagogisches Repertoire mit aufnehmen möchten, sollte über eines ganz besonders verfügen, nämlich die Fähigkeit, für sich und ihr Projekt zu werben und kreativ sein, Spendenquellen aufzutun. Denn machen wir uns nichts vor: Angeln kann sehr teuer sein. Mir ist es jedoch wichtig vorzuleben, dass es eben nicht die 300€ teure Karpfenrute sein muss. Schließlich ist es dem Fisch herzlich egal, was da am anderen Ende der Leine auf ihn wartet. Er wird sich sicher nicht im Drill denken:"Oh warte, das ist ne teure Rute! Ich zappel mal lieber nicht so doll, sonst zerbricht sie noch!"

Was natürlich richtig ist, ist dass die Kinder und Jugendlichen schon vernünftiges Gerät benötigen, damit sie nicht schon direkt die Lust am Angeln verlieren. Es sollte also besser keine Discounter-Allround-Angel-Packung sein. Mein Tipp: Schreiben Sie die Hersteller an, schreiben Sie Vereine an, veröffentlichen Sie Ihr Vorhaben in der Lokalpresse und bitten Sie um Sach-/Materialspenden. Und noch etwas: Es sind nicht Dinge, wie Ruten und Rollen, die in's Geld gehen, sondern die laufenden Kosten für Kleinteile: Schnur, Wirbel, Einhänger, Haken, Posen, Kunstköder.... Es wäre also sinnvoll, eine regelmäßige Einnahme zu haben, um diesen Bedarf für das Projekt zu decken. Es bieten sich da z.b. Räucherfeste an, bei denen der gefangene Fisch frisch geräuchert und gegen eine geringe Spende abgegeben wird. VORSICHT: Der Verkauf von geangeltem Fisch ist nicht erlaubt! Es ist aber ok, ihn gegen Spenden abzugeben, zumal der Erlös daraus direkt wieder in das Projekt fließt. Auch, wenn Sie mit Ihren Kindern angeln, diese ihren geangelten Fisch an die Nachbarn abgegeben und dafür ein paar Euro für Köder bekommen, wird niemand wirklich etwas sagen, auch wenn das rechtlich schon eine Grauzone darstellt.

Ich würde empfehlen, einen Projektfundus einzurichten, in dem alles an Material zum Angeln aufbewahrt wird. Natürlich ist dann auch besonders darauf zu achten, dass die Kinder und Jugendlichen pfleglich mit dem Material umgehen. Ziel dabei sollte jedoch sein, dass die Kinder und Jugendlichen auf Kurz oder Lang ihr eigenes Material besitzen, welches sie sich durch Taschengeld und Feiertage zusammen sparen.